AF312978

OBSERVATIONS

CRITIQUES

SUR

LE CHAMP-DE-MAI,

PAR NARCISSE-ACHILLE DE SALVANDY,

CI-DEVANT OFFICIER DE L'ARMÉE, ET MOUSQUETAIRE NOIR.
— ÉTUDIANT EN DROIT.

> LA volonté dominante du prince ne doit être
> que la volonté générale, ou la loi; sa force n'est
> que la force publique concentrée en lui. Sitôt
> qu'il veut tirer de lui-même quelque chose
> d'absolu et d'indépendant, la liaison du tout
> commence à se relâcher.
>
> *Contrat Social*, liv. III, chap. 1er.

PARIS,

DELAUNAY, LIBRAIRE, AU PALAIS-ROYAL,
ET CHEZ LES MARCHANDS DE NOUVEAUTÉS.

16 JUIN 1815.

PRÉFACE.

PARMI les personnes qui ont bien voulu lire ma première brochure (1), il en est qui se sont demandées de quel parti est l'auteur. A cette question, qui peut être en ma faveur une preuve d'impartialité, je répondrai que je suis Français. Si c'est être bonapartiste, d'avoir été fidèle à Napoléon tant qu'il fut chef de l'Empire; de ne m'être, à Fontainebleau, éloigné de sa personne que lors de son abdication; d'avoir, durant son exil, constamment protesté contre les calomnies dont on flétrissait le malheur, personne n'est plus bonapartiste que moi. Si c'est être royaliste d'avoir censuré les actes ministériels qui contrariaient l'opinion publique, et préparaient la chute des Bourbons; d'avoir environné la personne des princes dans les jours de danger, et accompagné leurs pas jusqu'aux frontières; de faire aujourd'hui avec douleur la comparaison de la paix universelle dont jouissait la France, et du désastreux avenir qui pèse maintenant sur elle, je l'avouerai sans détour, personne n'est plus royaliste que moi. Si c'est être républicain, de vouloir une constitution telle que le pouvoir exécutif n'ait que la puissance du bien, et qui garantisse à chacun tout ce que chacun n'aliène pas de sa liberté pour le bien-être de

____

(1) *Mémoire à l'Empereur sur les Griefs et le Vœu du Peuple français.*

tous, je le dis avec orgueil, personne au monde n'est plus républicain que moi.

Je ne crains pas qu'une seule conscience réprouve mes écrits. Si je le croyais possible, je jetterais la plume avec horreur. Je ne me dissimule pas, néanmoins, qu'on peut me faire deux reproches : celui d'écrire, à vingt ans, sur la politique, et celui de réclamer contre nos institutions. Je répondrai au premier que, puisqu'on m'a attribué le droit de voter sur les constitutions de l'Empire, je dois m'instruire des besoins du peuple français. Quant au second, le gouvernement est juste, ou il ne l'est pas ; s'il est juste, je le crois dans l'erreur, et en l'éclairant, j'acquiers des droits à sa reconnaissance ; s'il ne l'est pas....... cette supposition serait trop odieuse ; mais je me souviendrai toujours que je suis citoyen et Français.

OBSERVATIONS

CRITIQUES

SUR

LE CHAMP-DE-MAI.

LA France attendait avec inquiétude le Champ-de-Mai; la capitale surtout éprouvait une douloureuse anxiété à l'approche du jour destiné au triomphe de la nation ou à celui d'un homme. On avait peine à croire qu'au pied du trône impérial, tout se tût, et l'animosité des partis, et la voix du peuple français, et la sainte cause des lois. On frémissait de recommencer 89 ou 1805, et de rentrer dans l'effrayante carrière des révolutions.

Le 1er juin a dissipé ou fixé nos craintes : nous avons vu le Champ-de-Mai. Il est vrai de dire que jamais peuple n'avait contemplé une scène plus imposante, que jamais potentat ne s'était environné d'un plus auguste appareil. Tout ce qui peut parler à l'imagination était là : et les pompes de la religion, et la majesté du trône, et l'importance de la solennité, et la grandeur du spectacle. A l'aspect de cette auguste réunion de vingt mille citoyens assemblés dans une même enceinte, de cinquante mille guerriers, l'élite de nos armées, dont les rangs occupaient tout le Champ-de-Mars, et de ces quatre cents aigles, plus que romaines, tout françaises, qui tantôt s'inclinaient avec respect devant le chef de l'adoption des braves, tantôt flottaient avec orgueil dans les airs, comme pour invoquer de nouvelles victoires, qui n'aurait pas cru assister à ces réunions martiales de nos pères, où la nation déployait l'oriflâmme, environnée de toutes les bannières de la monarchie ?

Mais lorsqu'on se détachait de ces séduisantes illusions d'un moment, qu'il était affreux de ne trouver dans cette solennité qu'une vaine parade où tout entretenait les yeux de la force du maître, où rien ne parlait aux cœurs des droits sacrés du peuple, où, parmi tant de faux dehors de représentation nationale, il n'y avait de réel que l'ancienne gloire des aigles, la puissance des baïonnettes et les menaces de l'avenir !

Ainsi la France, depuis vingt-cinq ans, opprimée par ses libérateurs, trahie par les dépositaires de sa force, traînée sur les échafauds au nom de la liberté, ou chargée de fers *par la grâce de Dieu*, la France est encore une fois trompée dans son attente ; et elle ne voit d'autre terme à ses incertitudes que le terme d'une guerre dont on ne peut deviner ni la fin , ni les résultats ! Napoléon n'aurait-il pas compris que s'il a ressaisi le sceptre de Louis XIV, c'est parce que les bons esprits l'avaient cru éclairé par une funeste expérience, instruit par sa première chute et par celle des Bourbons, ramené aux vrais principes par les méditations de l'île d'Elbe; enfin convaincu qu'il n'y a d'assuré que le pouvoir légitime, c'est-à-dire celui que confère la majorité dés suffrages pour le bonheur de tous.

On ne s'était pas dissimulé les dangers de la dictature dont il s'était investi. Nos souvenirs nous rendaient redoutable la puissance illimitée qu'il exerçait sur nous. Mais nous savions qu'il est des circonstances où tout, même la loi, doit céder à la force des choses; nous savions qu'un peuple ne peut bien consacrer son indépendance que par les mains d'un homme, assez supérieur à lui-même pour se défendre des séductions de l'autorité souveraine, assez supérieur aux autres hommes pour commander à leurs passions et imposer aux intérêts privés le frein du patriotisme , assez supérieur aux circonstances pour combiner les leçons du passé, les besoins du présent , les chances de l'avenir, et donner enfin une législation qui résolve ce problème du *Contrat Social* : « Trouver une « forme d'association qui défende et protége de « toute la force commune la personne et les « biens de chaque associé, et par laquelle chacun s'unissant à tous, n'obéisse pourtant qu'à « lui-même, et reste aussi libre qu'auparavant (1).

On pouvait espérer que Napoléon serait l'homme de la France; on sentait que le despotisme ne devait plus avoir d'attraits pour lui, puisque le despotisme dont il avait écrasé l'Europe l'avait écrasé lui-même ; et comme il ne peut pas aspirer à recouvrer toute son ancienne domination, son âge, ses malheurs, ses promesses, tout faisait espérer que , n'ayant plus rien à attendre de la puissance, il chercherait à se dédommager par les jouissances de la gloire : or, est-il une autre gloire que celle qui a pour but le bonheur des peuples, et leur amour pour récompense? D'ailleurs comment imaginer qu'un homme vînt seul déclarer la guerre au monde,

(1) *Contrat Social* , liv. Ier, chap. 6.

prêt à se conjurer contre la France, et à la France prête à se conjurer contre lui? Comment imaginer qu'il revînt parmi nous seulement afin de se donner l'étrange satisfaction d'avoir un trône pour cercueil, et d'entraîner toute une génération dans son tombeau?

Les espérances que l'on avait conçues de Napoléon n'étaient pas hasardées; son intérêt personnel n'en était pas le seul garant; on se fiait à la convocation du Champ-de-Mai, qui semblait réaliser le vœu si vainement exprimé, depuis vingt-cinq ans, d'avoir enfin une représentation tout-à-fait nationale. Le renouvellement d'une institution plus ancienne que la monarchie avait quelque chose de libéral et de français, qui concilia les partis, et qui faisait croire qu'un jour la dynastie impériale rallierait à elle cette partie nombreuse de la nation, dont toutes les affections sont consacrées aux rois de nos pères. On se rappelait que ces augustes assemblées avaient été toutes puissantes, que les successeurs de Charlemagne y avaient trouvé un tribunal sévère, dont ils avaient été quelquefois obligés de désarmer la justice par l'abdication de leur couronne. Il était hors de doute que le nouveau Champ-de-Mai jouirait de la même indépendance. Soixante mille citoyens sont libres; soixante mille citoyens veulent le bien de l'Etat; soixante mille citoyens l'opèrent. Il n'est pas de Français qui, au prix de ses inclinations les plus chères, n'eût ratifié leurs délibérations. Le royaliste se serait contenté d'accompagner de ses regrets l'auguste famille qui n'aurait pu être réintégrée que par une guerre d'extermination; le républicain aurait fait le sacrifice de ses théories et de ses illusions; le bonapartiste aurait applaudi à des institutions assez fortes pour comprimer l'énergie du prince, et donner des garanties à la France comme au monde. L'Europe aurait respecté le vœu de la France, par vénération pour les principes, et dans la crainte d'avoir à combattre une population toute entière de héros citoyens, armés pour la cause de l'indépendance, et conduits à la victoire par Washington.

S'il est une leçon imposante pour les rois, c'est celle que leur donnent, dans ces grandes circonstances, les fluctuations de l'opinion publique. Il y eut un moment où les esprits allaient unanimement se réunir autour de celui en qui on comptait trouver un législateur exempt d'ambition personnelle. Napoléon put se croire puissant alors; il reçut des preuves de dévouement; il vit des élans d'enthousiasme; on oublia le passé. A peine quelques voix osaient s'élever pour nous commander la méfiance ; elles étaient étouffées : le peuple français, toujours crédule et bon, aimait à jouir d'un bonheur qui n'existait encore qu'en espérance, et, selon son usage, il ne demandait qu'à être forcé d'aimer son maître. Le prestige dura peu, et quand nous avons cessé de nous croire libres, Napoléon a pu cesser de se croire fort.

Le bruit s'était répandu que la république allait être proclamée ; on craignit de voir les fureurs du jacobinisme désoler une seconde fois la France. Ces mots sacrés de souveraineté du peuple et de droits de l'homme ne se reproduisirent à nos esprits que tels qu'ils avaient été prononcés au milieu des échafauds. On confondait avec l'abolition de la monarchie l'effroyable tyrannie de la liberté de 93.

Ce fut au moment où on redoutait le civisme de Napoléon, ce fut alors qu'il *décréta* l'acte additionnel. Tous les cœurs se glacèrent. Nous fûmes épouvantés des souvenirs du passé, épouvantés des menaces de l'avenir ; il nous semblait entendre autour de nous retentir ce cri : *Il n'a rien oublié, ni rien appris* (1), et dans

(1) Reproche adressé aux Bourbons, dans une proclamation du Golfe-Juan.

notre effroi, nous ne savions si cette sentence de réprobation était lancée par Napoléon contre le roi, ou par la France contre Napoléon. Nous avions peine à comprendre que l'audacieux passager de Fréjus pût, ainsi que Louis XVIII, régner sur nous par la grâce de Dieu, sans réfléchir que toute sa puissance vient du peuple, que sans le concours du peuple toute sa puissance est vaine. On se demandait si c'était pour insulter à la France que le gouvernement, dans ses actes, s'autorisait des constitutions de l'Empire, tandis que l'Empire était sans constitution, tandis que, par sa dictature, Napoléon venait de déchirer une seconde fois le pacte qui, pendant neuf ans, avait lié la France à lui. Sans doute des avis perfides l'avaient forcé de méconnaître nos vœux; de violer cette souveraineté qu'il avait, peu de jours auparavant, proclamée; de voir dans la couronne sa propriété, dans l'Empire son domaine, dans une charte une concession de sa munificence!

La constitution qu'une nation se donne est son contrat de famille. C'est la loi par excellence, puisqu'elle établit tous les droits, régle tous les intérêts, *légitime*, si je puis parler ainsi, les *lois* que nécessite postérieurement le bien public. Là où il n'y a pas de cons-

titution traditionnelle ou écrite, il peut y avoir
des aggrégations d'hommes, mais il n'y a pas
de peuple; il peut y avoir des décrets, mais il
n'y a pas de législation; il peut y avoir des chefs
qui règnent par la terreur, mais il n'y a point
de magistrats, point de rois. Si donc les Français sont un corps de nation, c'est à eux qu'il
appartient de manifester leur vœu et d'asseoir
sur les bases de leur souveraineté l'édifice de
leur existence politique. D'où vient que l'acte
additionnel a été imposé à l'empire ? Était-ce
au Conseil d'État à discuter les articles de notre
contrat social ? Était-ce à un homme investi de
tous les pouvoirs, de dresser l'acte qui lui confère les hauts offices de l'État ? En vain m'op-
poserait-on que la nouvelle charte devait être
soumise à la sanction du peuple ! Cette sanction
du peuple était un outrage à la dignité de la nation, parce qu'elle était dérisoire, inconstitutionnelle, immorale, absurde, inutile et nulle.
Elle était dérisoire, car le décret du 22 avril
ne daignait pas seulement soupçonner que l'acte
additionnel put être rejeté et en annonçait la
promulgation comme indépendante de nos votes : elle était inconstitutionnelle, puisque les
signatures ne devaient pas être déposées dans
des assemblées primaires où auraient pu être

admis des seuls Français, jouissant des droits politiques, mais chez des agens de la police, où chez
des hommes sans caractère public pour vérifier
la qualité des signataires et empêcher les mêmes
noms de se reproduire plusieurs fois : elle était
immorale, si naturalisant parmi nous la puissance législative des baïonnettes, elle consa-
crait l'étrange système d'appeler la force aux
délibérations, et de faire asseoir le glaive dans
nos conseils : elle était absurde, car on faisait
voter le peuple sur la constitution en masse,
en sorte qu'il fallait proscrire tout ce qu'elle
avait emprunté de bien à la charte royale,
ou admettre tout ce qu'elle pouvait avoir de
contraire aux intérêts de la France : elle était
nulle, car, au lieu de réunir les suffrages de
citoyens indépendans et capables de raison-
ner les besoins du peuple français, elle ne pouvait présenter qu'une collection de témoignages
honteux de notre servitude, qu'une effrayante
forme d'ostracisme où on verrait le paysan de
nos campagnes et l'ouvrier de nos faubourgs
signer, aussi stupidement que l'homme d'A-
thènes, le bannissement des Aristide (1).

(1) On sait qu'un paysan d'Athènes, qui ne savait
pas écrire, pria son voisin de graver son vote pour le
bannissement d'Aristide. Ce voisin était Aristide lui-

Aussi, qu'est-il arrivé. Ce que la prudence aurait prévu, si elle éclairait les calculs de l'ambition. L'opinion publique redouta un parti qui annonçait sur la France toutes les prétentions des princes du sang de nos rois, sans parler, comme eux, à nos souvenirs et à nos cœurs, un langage entendu, depuis huit cents ans, par nos pères. Le royaliste crut avoir remporté une victoire ; le républicain rougit d'avoir pris le sceptre royal pour des faisceaux consulaires; le bonapartiste se voila la tête, dans la crainte de rencontrer le reproche d'avoir appelé sur nous le despotisme.

Le décret du 22 avril avait détruit toutes les espérances qui se rattachaient à la convocation du Champ-de-Mai. Cette grande assemblée, loin de pouvoir disposer de l'empire, ne devait même pas discuter les amendemens nécessaires à l'acte additionnel. On ne lui laissait que le privilége de contempler la majesté du trône, et d'unir ses acclamations au cliquetis des armes. Dès ce moment, on put croire qu'il y avait deux intérêts en France, celui de la nation et celui d'un homme ; *deux souverains, l'un de droit, l'autre de fait ;* et le citoyen de

____

même, dont cet homme grossier sanctionnait l'exil parce qu'il était fatigué de l'entendre toujours appeler *juste.*

Genève aurait dit que la liaison du corps social était dissoute (1).

Bientôt, Napoléon, en décrétant la formation des deux chambres, annonça le désir de s'environner des grands corps de l'État, et de légitimer sa dictature par leur présence. Il était aisé de prévoir qu'il manquerait son but. La majorité des électeurs s'abstint de participer aux travaux des colléges, pour ne pas ratifier par des élections légales les actes de l'autorité qui les avait ordonnées. Ainsi, le gouvernement, au lieu d'étendre ou de consolider sa puissance, en imposant des constitutions de son choix, ne se priva pas seulement de cette force d'opinion toute puissante chez un peuple qui veut être libre, et du concours de tous les citoyens délibérans de l'empire; il s'ôta les moyens de salut qu'il aurait pu attendre de la représentation nationale, au-dedans, parce que le royaliste se croirait, plus que jamais, autorisé à ne reconnaître de pouvoir légitime que celui du roi et à décliner obéissance aux mesures prises par des chambres formées, de l'aveu même de Napoléon, sous l'empire de la dictature; au-dehors, parce que si les représentans du peuple

____

(1) *Contrat Social*, liv. III, chap. 1er.

demandaient à traiter directement avec les hauts alliés, pour sauver la France, les princes coalisés ne manqueraient pas de leur répondre : « Il est vrai que nous ne faisons pas la guerre « à la nation française ; nous sommes prêts à « traiter avec elle, aussitôt qu'elle nous en- « verra de véritables commettans. Mais nous ne « pouvons pas vous reconnaître ce titre, puis- « que vous devez votre existence à des cons- « titutions émanées, non du peuple français, « mais de l'homme qu'il nous importe de dé- « truire. » Voilà les craintes que l'autorité aurait dû concevoir dans le principe, dont la France fut pénétrée, et qui ont eté, en partie, réalisées.

Ce n'est pas que je me permette de dénier aux Chambres cette autorité bienfaisante qui, dans des momens critiques, pourrait sauver la France. Je suis convaincu que les Représentans du peuple mériteront un si beau titre ; la patrie sera toute entière dans le cœur de chacun d'eux ; la liberté siégera dans l'assemblée, et ce Sénat de citoyens sans passion comme sans crainte, saura réaliser toutes nos espérances, et veiller, comme celui de l'antique Rome, à ce que l'État ne périsse pas : *Ne quid detrimenti capiat Respublica.*

2

Cependant le coup était porté. On ne vit plus de cet enthousiasme belliqueux qui entraîne les citoyens sous les drapeaux. Les sources de la confiance étaient taries, l'espérance épuisée ; l'abîme qui se creusait sous nos pas, agrandi par notre effroi. Dès lors on n'osa plus attendre la paix que de l'épouvantable guerre qui allait désoler le monde ; la consternation commença à régner sur la France. Les torches de la guerre civile brillèrent au milieu de nous, et du fond des provinces de l'Ouest le drapeau blanc apparut à l'empire, pour donner, comme la croix de Constantin, le signal des combats.

C'était une conséquence nécessaire de tous les actes de l'autorité, que le Champ-de-Mai n'eût plus d'intérêt national : ce ne pouvait plus être qu'une solennité militaire, puisqu'il ne devait s'y faire de sérieux que la distribution des aigles. Au lieu de soixante mille électeurs, à peine y en eut-il trois mille qui consentissent à abandonner leurs foyers, pour venir, quelquefois, de deux cents lieues, dépouiller des scrutins. C'était une bien grande offense que l'on fit au grand peuple, de le convoquer tout entier, non pour donner sa voix, mais pour assister à un stérile recensement. Elle a été bien vivement sentie, et la nation n'a pas répondu à l'appel qui lui avait été fait.

Qu'en est-il résulté? C'est que le Champ-de-Mai, au lieu d'être une assemblée, n'a été qu'un spectacle; c'est que cette réunion n'a pas dû imprimer au Gouvernement un caractère de légitimité qu'elle - même n'avait pas; c'est que le changement que les circonstances ont pu opérer dans les relations de l'Europe envers Napoléon et de Napoléon envers la France, n'est pas assez formel, qu'il n'existe pas encore de contrat, et que nous avons conservé toutes nos incertitudes.

Je ne pense pas avoir erré dans mes principes, ni dans les conséquences que j'ai dû en déduire; pour mieux convaincre, je me résume:

1°. Puisque le peuple est souverain, toute autorité légitime vient du peuple;

Or le peuple n'exprime ses volontés que par la loi;

Donc, il n'y a d'autorité légitime que celle de la loi.

2°. La loi n'avait pas déféré la dictature à Napoléon;

Or Napoléon s'est avoué investi d'une dictature;

Donc Napoléon a, de son propre aveu, exercé une autorité illégitime.

3°. L'acte additionnel pour être loi de l'état, devait être l'expression des volontés du peuple;

Or le peuple n'a ni rédigé, ni discuté, ni voté (1) l'acte additionnel ;

(1) Mon assertion n'est pas hasardée ; et quoique M. Benjamin de Constant, conseiller d'Etat de S. M. I., regarde l'acte additionnel comme revêtu du suffrage de la nation, dans l'avant-propos de ses *Principes de Politique applicables à* TOUS *les Gouvernemens*, j'espère être assez heureux pour prouver à ce savant publiciste qu'il est tombé dans l'erreur.

1° M. Benjamin de Constant n'ignore pas que l'article 84 de la constitution de l'an 8, maintenue par l'article 1er de l'acte additionnel, est ainsi conçu : « La force « armée est essentiellement obéissante : nul corps armé « ne pourra délibérer. » Ainsi, il faut retrancher du résultat des votes, les votes des cinq cent quarante mille hommes sous les armes qui sont actuellement aux frontières, suivant les tableaux publiés par le gouvernement, et les votes des cent cinquante mille hommes, également sous les armes, qui doivent être en première ligne à la fin du mois. Or, sur les quatorze cent mille votes qui ont été proclamés en faveur de la constitution, il faut, d'après la constitution, en supprimer la moitié : reste à sept cent mille.

2° M. Benjamin de Constant, page 192 de l'ouvrage

Donc l'acte additionnel n'est pas loi, et encore moins constitution de l'état.

4°. L'acte additionnel est le seul pacte qui ait pu changer en autorité légitime la dictature de Napoléon ;

déjà cité, assure, et personne maintenant ne peut mieux le savoir que lui, qu'il y a plus de deux cent mille agens du Gouvernement dans la seule hiérarchie des officiers municipaux ; on peut, ce me semble, inférer de là que toutes les administrations civiles et militaires de l'Empire présentent un nombre double d'employés : ce qui réduirait à cent mille votes les suffrages de la nation.

5 M. Benjamin de Constant nous dit encore, page 106, que *la propriété seule rend les hommes capables de l'exercice des droits politiques.* Si donc on retranche des cent mille votes qui nous restent, ceux des ouvriers, des domestiques, des hommes qui n'ont ni l'âge ni la fortune nécessaire pour jouir des droits de cité ; si on en retranche les votes que des agens du pouvoir ont obtenus des tirailleurs et des fédérés de Paris, depuis le 8 mai jusqu'au 1er juin, contre la lettre formelle du décret qui fixait au 9 mai la clôture des registres, je crois qu'on n'aura pas une masse bien imposante de signatures à opposer aux votes des six mille citoyens qui ont rejeté l'acte additionnel.

Sans doute, quand M. Benjamin de Constant croyait la constitution revêtue de nos suffrages, il ignorait encore le résultat des votes. S'il avait pu le prévoir, il aurait, comme Montesquieu (préface de *l'Esprit des Lois*), *senti ses mains paternelles tomber.*

Or ce serait vouloir un cercle vicieux que de prétendre que l'acte additionnel, émané du gouvernement, a pu être rendu légitime par Napoléon, et rendre Napoléon légitime;

Donc nous sommes toujours sous l'empire d'une dictature.

Cette conséquence me semble sans réponse. Mais suis-je coupable pour l'avoir énoncée? Je ne pense pas l'être aux yeux de la loi ; car c'est la loi que je réclame. Je ne le serai pas davantage aux yeux du peuple français, puisque je ne parle qu'au nom de ses droits. Je ne le suis pas non plus envers le gouvernement, s'il fait cause commune avec la loi et le peuple.

Napoléon ne peut se maintenir sur le trône qu'en réunissant autour de lui les vrais Français; mon cœur me dit que c'est un Français qui a écrit ces pages. J'ose donc croire qu'elles seront approuvées de lui : elles doivent l'être, puisqu'en déclarant que le caractère de la légitimité est le seul que la fortune et le temps n'effacent jamais, je l'avertis de prendre cet auguste caractère ; elles doivent l'être, parce qu'en promettant la révision de nos constitutions, il a autorisé tous les citoyens à en examiner les vices. Moi, j'ai développé les défauts.

de forme ; d'autres ont complété la tâche par l'examen du fond ; lui , qu'il nous laisse perfectionner le grand œuvre de notre législation et mérite ainsi qu'après son triomphe, on puisse dire :

Victrix causa Diis placuit....

FIN.

PARIS, DE L'IMPRIMERIE D'ADRIEN ÉGRON.

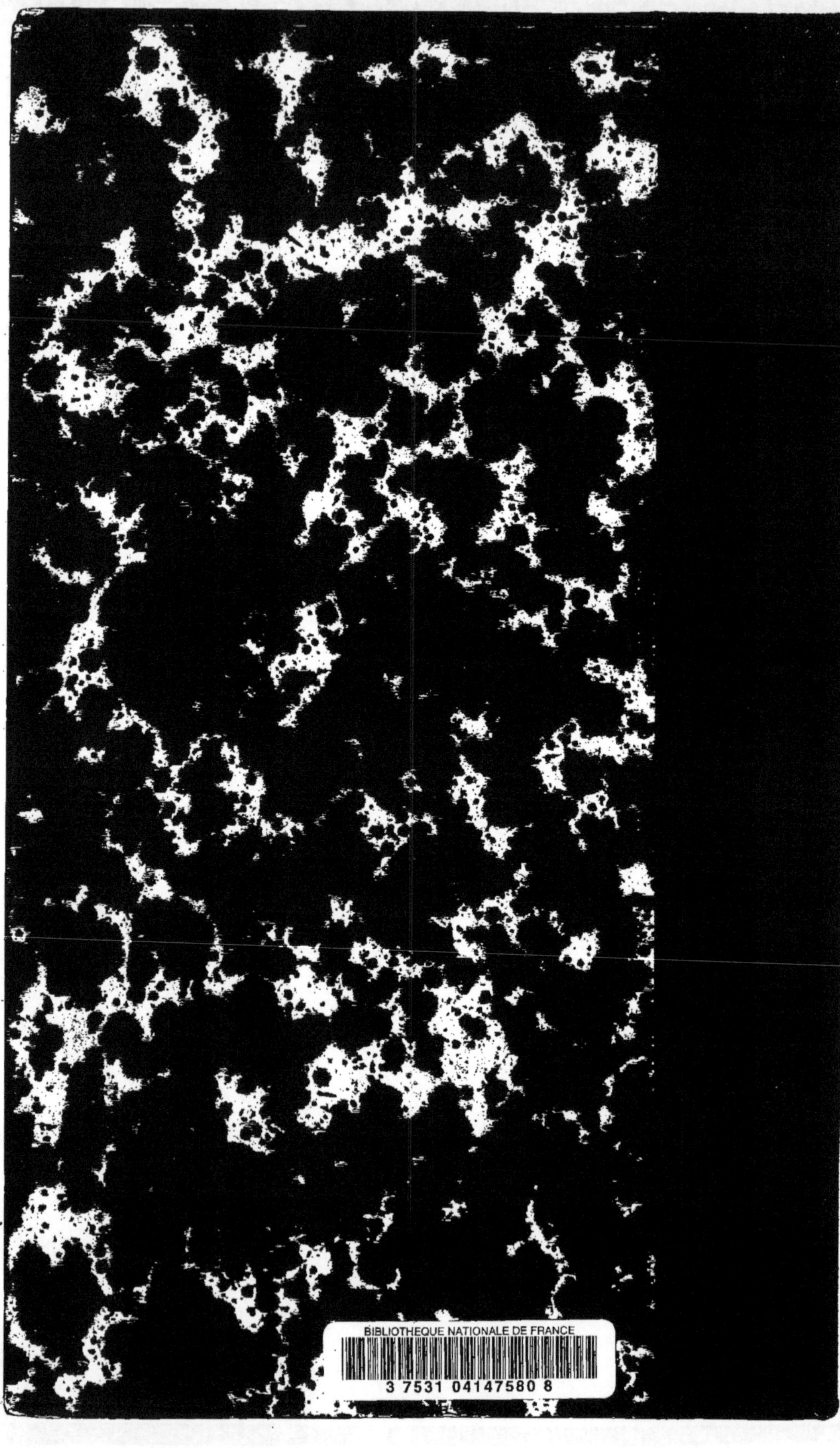

www.ingramcontent.com/pod-product-compliance
Ingram Content Group UK Ltd.
Pitfield, Milton Keynes, MK11 3LW, UK
UKHW021633130726
13696UKWH00005B/2173